AF229092

Lb 251.

Lb 251.

LE

MARÉCHAL NEY

DEVANT

LES MARÉCHAUX DE FRANCE.

MODÈLE DE SOUSCRIPTION.

En souscrivant, on prendra l'engagement suivant :

Je soussigné,   *demeurant à*
, m'oblige à prendre la
nouvelle édition des OEuvres complètes de Bossuet,
précédées de son Histoire par M. de Bausset, an-
cien évêque d'Alais, 44 vol. in-8.º, imprimée et
publiée par Lebel, imprimeur du Roi et de l'Évê-
ché à Versailles, rue Satory, n.º 122, pour les
deux derniers volumes de laquelle j'ai remis la
somme de 8 fr. 75 c. entre les mains de M.
auquel je remettrai le prix des livraisons en com-
mençant par la seconde lorsque je recevrai la pre-
mière, et ainsi de suite.

A   le   du mois de   l'an

P. S. Le présent *Avis* n'ayant point été tiré à un aussi grand
nombre que le Prospectus, on prie MM. les Ecclésiastiques qui le
recevront, de vouloir bien avoir la complaisance de le communiquer
à MM. leurs confrères et aux personnes de leur connoissance.

~~Importante~~

C'est à son intrépidité dans l'exécution des
mouvemens qu'il déploya sous les Ordres
[illegible] que celui ci du le Succès Glorieux
de la mémorable Bataille d'Hohenlinden
malgré les résistances de l'art et de
~~la nature~~
avec le 6.e Corps qu'il forma lui même
à la discipline en instruisit aux belles
Manœuvres du Camp de Montreuil
sous [illegible] les [illegible] Succès
de la guerre de 1806 précurseurs de
ceux de l'année suivante si [illegible]
à la Prusse

Ney,

Maréchal de France.

LE
MARÉCHAL NEY

DEVANT

LES MARÉCHAUX

DE FRANCE.

PARIS,

DE L'IMPRIMERIE DE C.-F. PATRIS.

Chez CHAUMEROT jeune, libraire, Palais Royal, galeries de Bois, n° 188.

1815.

LE
MARÉCHAL NEY

DEVANT

LES MARÉCHAUX DE FRANCE.

Les opinions fondées sur la plus grande justice sont celles qui entraînent les cœurs; l'opinion émane de la pensée, et la pensée rapproche l'homme de la suprême intelligence.

La puissance humaine peut empêcher d'agir; elle peut même compri-

mer la pensée, mais elle ne peut empêcher de penser.

Heureux le Monarque qui recueille
les pensées de l'État, pour l'améliora-
tion de ses lois! Après le droit de faire
grâce, régner sur les lumières est le
plus bel appanage de la souveraineté.
Il est beau de commander au génie,
comme il est glorieux d'obéir à la vertu.
La plus grande que les Rois puissent
désirer, c'est la modération : cette fille
aînée de la sagesse traverse avec froi-
deur les fluctuations politiques, qui
vièrent troubler accidentellement la
marche lente et raisonnée de l'ordre
social. Elle est semblable à cette roche
qui, s'élevant au milieu d'une mer
agitée, voit sans s'ébranler la vague
impétueuse se briser en écume et re-

culer ensuite honteuse de son effort im-
puissant.

Au milieu des malheurs de tous genres
dont la France est accablée, c'est une
bien grande consolation de retrouver
cette vertu sublime dans le Prince qui la
gouverne. Elle seule peut opérer avec
succès cette fusion de toutes les opinions, si justement désirée pour le
salut de la France et du trône même.
Comment ne pas être pénétré de reconnaissance et d'admiration pour elle,
quand on voit un Monarque, instruit
pendant vingt-cinq ans à l'école du
malheur, abreuvé une seconde fois
par une coupable humiliation, n'élever
sa voix magnanime que pour avouer
courageusement des fautes auxquelles

il semble lui-même attribuer ses nou-
veaux malheurs !

Après un exemple aussi généreux,
quel parti nourrirait encore, dans son
sein, des sentiments secrets de ven-
geance et de persécution, quand celui
qui seul pouvait exercer une juste sé-
vérité, est le premier à oublier tous
les torts, pour ne plus former qu'une
grande famille de toutes les familles
divisées ?

Écoutez-le nous dire que la souveraineté qui repose sur la justice, est
inébranlable ; que l'injustice donne
naissance aux haines et à tous les res-
sentiments qui amènent les révolutions,
et qu'il n'y a que la justice qui puisse
les prévenir : alors pénétrés de toutes

ces grandes vérités, nous aurons le courage de développer ces idées de justice qui se rattachent aujourd'hui à une cause vraiment célèbre , autant par les évènements qui l'ou amenée que par le caractère de son sujet.

Un homme à-la-fois l'instrument de sa fortune et de sa honte a passé. Semblable au Macédonnien , qui ne fut victorieux que par les soldats de son père (1), celui-ci ne le fut que par ses

---

(1) Tout le monde connaît l'action d'Alexandre, contre un de ses véritables amis, et le plus habile officier de son armée.

Alexandre le Grand, rattachant toujours à sa personne les exploits nombreux dont son armée était couverte, eut la vanité de s'en

officiers. Un des plus recommandables,
et que la nature a le plus comblé de
ses dons, est sur le point de devenir
victime de ces circonstances impérieu-
ses que la sagesse humaine ne saurait
prévoir. La reconnaissance nationale
que l'on doit à de si grands et de si nombreux services, peut-elle l'abandonner à
une décision éventuelle, et pour ainsi-
dire de pure formalité, sans examiner

---

flatter au milieu des vapeurs d'une orgie.
L'officier, qui ne lui passait aucune faiblesse,
lui répondit : Tu n'as vaincu que par les soldats
de ton père! Alexandre, furieux, s'élança sur
lui, et le perçant de son épée : Va-t'en trouver
Philippe, lui dit-il. Hélas! tous les regrets
du monde n'ont pu lui rendre ce véritable
ami. Il n'y a donc que les grands hommes
qui font de grandes fautes.

avec attention tout ce qui a concouru à cet évènement extraordinaire. Non, sans doute. La justice et la sagesse même s'y refusent. Toutes les idées généreuses qu'elles inspirent, semblent se présenter d'elles-mêmes pour le sauver avec sa gloire ; car sans elle le héros s'évanouit.

Pour le bien juger, il faut le bien connaître.

Ney (1) est un de ces caractères qui trouvent toujours la gloire trop lente, et qui veulent rapprocher la postérité en fixant sur eux à chaque instant les

____

(1) Michel Ney, né à Sarre-Louis (Moselle), le 10 janvier 1769, maréchal de l'Empire, duc d'Elchingen, prince de la Moskwa.

regards étonnés de leurs contemporains.
Il déploya tant d'intrépidité , de cons-
tance , de courage et de sang-froid ,
qu'on le désigna , dès ses premières
campagnes sous le nom d'*Infatigable.*
Ennemi de l'intrigue et de l'adulation,
il jouit de l'avantage d'être sincère-
ment aimé même de ses rivaux. Les
généraux sous les ordres desquels il
servit , rendent justice à son mérite
et à sa modestie, qui lui fit refuser
plusieurs fois le prix dû à ses qualités
militaires et à ses vertus.

Il associa ses travaux et sa renommée
aux généraux Kléber, Moreau , Mas-
séna, Colhaud, Grenier ; et la France
a déja placé son nom auprès de ces
grands hommes qui , tout entiers à sa

gloire , ont versé leur sang pour sa défense et son bonheur.

Cependant, aujourd'hui, une faute grave sans doute , mais qui a besoin d'être discutée , semble donner prise contre lui et vouloir tacher une des plus belles feuilles de son histoire. Mais quand nous nous représentons le Monarque suivant, pendant son exil, les Français dans toutes leurs entreprises, trouvant chaque jour dans le récit de tant de glorieux exploits un adoucissement à ses peines, combien il a dû être pénétré d'admiration pour ce Phocion moderne, sur lequel de bien différents regards sont arrêtés aujourd'hui !

Telle est la fatalité attachée à la destinée des grands capitaines, qu'un seul moment d'erreur fait oublier facilement vingt ans de travaux et de gloire, parce que l'élévation d'un homme importune et blesse l'ambitieux qui, par caractère, s'attache sans relâche à poursuivre le véritable mérite.

Adjudant-général de cavalerie en 1794, il se signala au passage de la Lahn ; le 4 juin 1796, à Altenkirenbem ; le 5, à Dierdoff, Montabauve et Bendorff. Obermel est repris quatre fois en deux jours. Le 24 juillet, n'ayant avec lui que cent hommes de cavalerie, il en impose tellement à deux mille soldats près de Vürtzbourg, qu'il les fait prisonniers et prend des munitions immenses. A Zell, avec quatre cents chevaux, il en culbute huit cents à l'ennemi. Le 8 août, il force le passage de la Rednitz, défendu par quatorze bouches à feu, et marche sur Forsheim. Le commandant, forcé de se rendre, vient lui apporter les clefs de la ville : « *Ce sont vos cœurs, votre soumission et votre fidélité que je demande*, leur dit-il ».

Soixante - dix pièces de canon et des approvisionnements considérables sont le fruit de cette journée. Le grade de Général de brigade lui est décerné sur le champ de bataille.

Le 17 août, il fait des prodiges de valeur à Salzbach avec 600 chevaux. La campagne suivante, il chasse l'ennemi de Liessen, et le poursuit jusqu'à Steimberg.

Général de division , il commande la cavalerie en Helvétie , et contribue fortement à la grande victoire remportée le 26 mai 1799 sur la Thur.

Le 27 avril, il se bat contre le prince Charles ; s'empare de Manheim (1) le

---

(1). Il s'empara de cette ville par un trait d'audace qu'on ne peut s'empêcher de faire connaître. On verra avec admiration qu'il ne fallait rien moins pour réussir que la force d'âme , et la confiance d'un guerrier accoutumé à vaincre.

La veille, il était entré dans la place, sous un déguisement prussien. Le lendemain, il passe le Rhin à la tête de cent cinquante soldats qui n'ont pas de cartouches , enlève tous les postes. La garnisson fait une sortie qu'il repousse , et il s'introduit avec l'ennemi dans

3 novembre; dégage son avant-garde enveloppée près de Lauffen ; enlève quinze cents prisonniers à Moïskirch ; gagne, le 5 juin 1800, la bataille de l'Iller ; prend toute l'artillerie de l'ennemi et le poursuit depuis Laüershauffen jusqu'à Weissenhorn ; et à l'affaire du défilé de Matoempet du premier novembre, il force huit bataillons à

la place, à la faveur des ténèbres et de l'épouvante que l'impétuosité de son attaque vient de répandre.

Cette action, qui n'est pas le résultat d'une témérité accidentelle, a d'autant plus de mérite, qu'elle était combinée de la veille et méditée dans tous ses points. Le véritable courage ne se dissimule jamais le danger. Ce n'est même qu'après l'avoir calculé qu'il le brave et qu'il en triomphe.

reculer à plus d'une lieue du point d'attaque.

Calme dans le péril, impétueux lorsqu'il se précipite avec ses escadrons ; le premier aux attaques, le dernier dans les retraites ; il inspire aux soldats le mépris de la vie, et saisit le moment où il peut arracher la victoire par l'impulsion de sa valeur.

Voyons-le encore commandant les troupes dispersées de Huningue et de Dusseldorff : en moins de huit jours, il organise treize fausses attaques et passages du Rhin, qui réussissent tous le même jour, tandis qu'à la tête de neuf mille hommes, il va jusques sous les murs de Francfort, battre ou détruire vingt mille Mayençais, soldés par l'Angleterre, et soutenus par deux mille Autrichiens. Le lendemain, il revient passer le Mein près de Mayence, culbute les corps ennemis, traverse tout le pays de Hesse d'Armstadt, passe le Necker à Ladembourg, au gué du maréchal de Turenne, s'empare de nouveau de Manheim, d'Hendelberg, de Breuksal, d'Heillbron, et parvient jusqu'aux portes de Stutgard, sans avoir essuyé le moindre échec, quoiqu'il eût des forces beaucoup plus considérables à vaincre.

Cette opération fut cause de nos succès en Helvétie et du gain de la bataille de Zurick.

Ce n'est qu'en passant par tous les

grades (1) qu'il a acquis son expérience militaire ; et les refus réitérés d'un avan-cement qui lui semblait trop rapide, lui ont donné la mesure de ses véri-tables forces. Il ne lui fallait rien moins

---

(1) Le maréchal Armand de Biron se glóri-fiait d'avoir passé par tous les grades ; il disait que c'était ainsi qu'il fallait devenir maréchal de France. Cet illustre général voyant que dans leurs choix les ministres avaient plus d'égards pour les preuves généalogiques que pour les services militaires, affecta de ne produire que peu de titres, et allégua ses exploits comme la preuve la plus authentique de sa noblesse. Il n'apporta, dit Brantôme, que cinq ou six titres fort antiques ; et les présentant au roi : « Sire, dit-il, voilà ma noblesse ici com-» prise » ; puis mettant la main sur son épée, il continua : « Mais, Sire, voilà encore » mieux ».

que cette grande qualité, pour sauver
l'Helvétie de l'influence des Anglais.

Au moment où la guerre civile de-
vait éclater, les magistrats des villes
lui ayant présenté leurs clefs : « Ce ne
« sont pas vos clefs que je vous de-
« mande, leur dit-il ; mes canons sont
« là pour enfoncer vos portes, si vous
« résistez ; rendez-vous dignes de l'a-
« mitié des Français. »

Enfin, ce général a reçu de la nature
une force égale à l'ardente activité de
son esprit. Il a le rare talent de juger
d'un coup-d'œil les dispositions de
l'ennemi et les avantages du site op-
posé, science qui, entre des forces
égales, décide du sort des grandes
batailles, et que n'ont pas toujours
connue de très-célèbres généraux.

2

Tous ses exploits recueillis par l'histoire ne sont pas encore assez loin
de nous pour donner à penser qu'un
changement subit aurait altéré des qualités si éminentes. Il est encore à la
Bérézina ce qu'il fut pendant vingt ans
de sa gloire. Nous le voyons, après
les affaires désastreuses de Kranoé,
venir répandre encore la consolation
et rendre l'espérance à toute l'armée ;
espérance que Bonaparte lui - même
avait perdue. Mais obligé d'abandonner la route que l'armée avait suivie,
pour lui procurer une retraite (1) plus

----

(1) Cette retraite, dit M. Labaume dans sa
relation circonstanciée de la campagne de
Russie, est une des plus belles opérations militaires. Au moment de passer le Dniéper,

sûre, on le voit, pendant trois jours, combattre l'ennemi et faire usage de tout ce que le talent et la bravoure peuvent déployer de plus extraordinaire, parcourant un pays inconnu, marchant en carré, repoussant sans relâche et avec succès, six mille Cosaques qui le harcelaient et fondaient à chaque instant sur lui pour le forcer à capituler.

Cette résistance héroïque, qui met

tout le monde était dans le désespoir et se croyait perdu ; chacun cherchait le maréchal pour savoir ce qu'il ordonnerait. Mais on fut bien surpris en le trouvant couché sur la neige et la carte à la main, examinant la direction qui lui serait la plus favorable. Ce calme du chef dans le plus grand danger fortifia le courage de tous les soldats.

le comble à sa brillante réputation, ne prouve-t-elle pas qu'il y a bien plus de mérite à savoir parer les échecs de la fortune qu'à profiter de ses faveurs ?

C'est à toi, Eugène, généreux émule de sa gloire, qu'il doit sa délivrance. Sans ton secours, il aurait peut-être succombé, et la calomnie la plus noire ne chercherait point aujourd'hui à ternir sa mémoire et à flétrir son honneur.

Vous, braves militaires, modèles de persévérance et de courage, qui avez échappé aux désastres du malheureux passage de la Bérézina, désastre inconnu dans l'histoire des ravages de la barbarie ; vous avez été les témoins de sa sollicitude pour sauver d'un péril inévitable une armée pâle de misère, poursuivie sans relâche par les hommes et par les frimas, et errante sur un sol enseveli dans le sommeil du chaos. Pensiez - vous que cet illustre compagnon de vos plus illustres infortunes serait un jour froidement accusé d'être traître à cette France, dont vous avez fait si glorieusement retentir le nom aux extrémités du monde ?

L'esprit de conciliation est encore ce qui le fit distinguer dans la mission dont il fut chargé en Suisse, en qualité de ministre plénipotentiaire. La sagesse et la prudence qu'il a déployées est connue de tous les membres de la diète; et nous avons présents à la mémoire les éloges qu'il reçut à cet égard, à son retour en France. Les Suisses eux-mêmes ne pouvaient s'empêcher de rendre justice à ses hautes qualités, et d'en admirer l'heureuse réunion dans un seul homme (1).

___

(1) Il est de ces préventions dont on ne connait pas toujours la cause. On a eu long-temps l'opinion bien prononcée que Bonaparte était d'un mérite général. Sans doute il en avait beaucoup, mais il n'a pas été ce qu'il nous a paru être. Le temps et les choses nous ont tellement éclairés sur ce point, qu'aujourd'hui la raison déchire le voile sous lequel ce talisman était caché, et vraiment le charme est détruit. Le plus grand et le premier mérite de cet homme extraordinaire est d'avoir toujours su choisir ceux dont il s'est environné ; et, dans le commencement de sa haute fortune, ce choix était d'autant plus parfait, que tant qu'il suivit les conseils qu'il en a reçus, il a

Voilà l'homme qu'une erreur du moment, commise sans calculs, conduit

---

fait des choses extraordinaires et savantes même,
qui se rattachaient à sa personne. Mais nous
sommes forcés de reconnaître à présent que ses
exploits étaient plus à son armée qu'à lui ; que
ses talents et sa valeur étaient dans la nation
qu'il commandait ; car , en administration
comme en guerre, c'est du moment où, ébloui
par les adulations dont ses flatteurs l'ont eni-
vré, qu'il a cru à sa célébrité et que partent
ses premières fautes , parce que , plein du
grand homme, il ne suivait plus que sa tête ,
et que ses conseillers même lui étaient à
charge, pour ne pas dire plus.

Nous avons toujours attribué à quelques
raisons d'une profonde diplomatie , les divers
abandons qu'il a faits de ses armées dans des
positions critiques ; mais aujourd'hui qu'il a

en présence d'un conseil de guerre !
Voilà l'homme qu'un parti perfide qui
aujourd'hui se cache derrière les armes
des puissances, et se cachera plus se-
crètement encore dans d'autres temps,
voudrait voir succomber sous l'accu-
sation infâme d'une trahison !

Cette tactique de détruire en détail

---

demandé la vie à ses plus redoutables ennemis, cette faiblesse explique assez clairement
les sentiments qu'il éprouvait à ces différentes
époques. Cette conduite est bien faite pour
éclairer les véritables braves qu'il a comman-
dés si long-temps, et qui lui ont si généreuse-
ment obéi. Quel triste prix d'un si beau dé-
vouement ! Mais l'honneur est leur patri-
moine, et loin de les perdre dans l'esprit des
nations, elles leur rendent déjà un témoignage
qui n'est plus partagé.

out ce que la France a d'hommes ca-
pables de servir le Prince et la patrie,
est trop funeste à l'intérêt général,
pour ne pas s'attacher à en dérouler le
système.

Depuis que l'usurpateur ne consul-
tait plus que sa tête, pour ne faire que
des fautes, l'espoir d'un nouvel ordre
de choses occupa tous les Français, et
on peut dire même que toutes les âmes
honnêtes formèrent des vœux pour que
ces évènements amenassent la fin des
maux d'une famille vertueuse, respec-
table par ses malheurs autant que par
ses droits. Chaque jour voyait fortifier
cette espérance. L'obstacle est vaincu
tout-à-fait, rien ne peut plus contenir
les vœux des Français; la France, d'une
seule voix, rappèle le Monarque que

la profonde sagesse a éclairé sur les destinées de sa nouvelle patrie. Il trouve lui-même, dans cette sagesse, une constitution digne des lumières de son siècle. La France l'accueille avec enthousiasme et reconnaissance ; le bonheur va encore reparaître pour elle ; tous les hommes dignes du nom de Français s'empressent d'aller déposer au pied du trône l'hommage de leurs vœux, de leur soumission et de leurs talents. Le général Ney, ami du général Moreau, nourri des mêmes sentiments, est un des premiers à se présenter. Le souvenir de ses nombreuses et belles actions, dont le récit a tant de fois consolé le malheureux Monarque dans le silence de son exil, se présente à son esprit ; il l'accueille avec bonté, et lui donne une place

dans son cœur. Pénétré de tous les sentiments de grandeur et de générosité,
le général jure au Monarque une fidélité qui ne se démentira jamais, lorsque tout-à-coup on apprend à Paris le
débarquement de Bonaparte.

Nous ne retracerons pas ici la conduite franche et loyale du maréchal dans
les intérêts du Roi : elle est trop connue pour la reproduire. Nous ne nous
occuperons pas non plus à détruire une
imposture insigne , inventée par le
parti qui médite sa ruine (1).

____

(1) Mᵉ Berryer, dans son exposé, justifie
le maréchal de la manière suivante :

« C'est ici le lieu de démentir hautement
» une calomnie lancée contre le maréchal

Cette calomnie, dont heureusement
le Monarque a la preuve, lui montre

» Ney, dans la vue de le déconsidérer sans
» retour.

» On a supposé et répandu avec affectation
» dans le public que le roi lui avait fait comp-
» ter à son départ une somme, les uns ont dit
» de cinq cent mille francs, les autres de
» six, sept, et même de huit cens mille francs,
» afin de s'assurer d'autant plus de sa fidélité.
» C'est une imposture. Il n'est pas vrai que
» le Roi ni aucun de ses ministres ayent fait
» compter au maréchal Ney une somme quel-
» conque ni de cinq cent mille francs ni toute
» autre. Sur ce point il invoque, avec la plus
» respectueuse confiance, le témoignage de
» sa Majesté.

» Tout le monde néanmoins a jusqu'ici pris
» croyance dans cette fausse et inconvenante

l'acharnement que ce parti met à le perdre dans son esprit, afin d'éloigner de ce sentiment d'indulgence que réclame la situation dans laquelle s'est trouvé le maréchal et le concours des fautes générales.

Une seule chose est à considérer dans la position du maréchal.

Le sentiment d'indignation qui a frappé d'abord tous les esprits, et que les ennemis du maréchal étaient intéressés à nourrir, repose sur ce qu'on a cru long-temps que la proclamation du   , avait été rédigée par lui.

[illegible]

» insinuation : comme si un prince aussi judi-
» cieux aurait pu fonder le moindre espoir sur
» un général qu'il aurait fallu acheter! »

Mais on connaît trop bien les machi-
nations de Bonaparte, pour n'être pas
certain que dans ses entreprises, ses dé-
crets et ses proclamations étaient ré-
digés d'avance sous ses yeux, afin de
leur donner ensuite une direction con-
venable à ses projets ; et d'un autre
côté, on en connaît l'auteur.

Les fanatiques qui sont accourus au-
devant de Bonaparte, se sont appuyés
sur des fautes commises par le Gouvernement même, et que le Monarque a eu la magnanimité de reconnaître.

Des soldats blessés dans leurs intérêts, et se croyant aussi blessés dans
leur gloire, abandonnent en foule de
tous côtés leurs drapeaux, pour re-

joindre un homme qui les a toujours honorés. Voilà la malheureuse vérité dans tout son jour. Cet incident a fait la force et le talisman du parjure. L'incendie a gagné de toutes parts, et bientôt tous les moyens les plus sages et les mieux conçus sont devenus insuffisants pour l'arrêter.

Les Princes eux-mêmes, environnés de respects et de soumission, autant intéressés que les Français à la destruction d'une entreprise aussi dangereuse que téméraire, après avoir déployé tous les talents et tous les efforts les plus grands, ont eu la douleur de voir leur puissance échouer contre lui. Le maréchal réfléchissant sur les nouvelles qu'il recevait des départements, par lesquelles on annonçait de toutes

parts la défection des corps en faveur
de Bonaparte (1); le prétendu traité

---

(1) Dans la nuit du 13 au 14 mars, des émis-
saires de Bonaparte arrivent jusqu'au maréchal ; ils le trouvent dans une extrême agita-
tion, dans une espèce de bouleversement d'esprit, tremblant pour le sort de la France. Ils
sont porteurs de lettres du général Bertrand,
qui peint avec force la nullité de la position
du maréchal, et la certitude du succès pour
Bonaparte.

Suivant cette lettre, Bonaparte a concerté
son entreprise avec l'Autriche, par l'entre-
mise du général autrichien Koller.

L'Angleterre a favorisé son évasion.

Murat triomphant s'avance à grands pas
vers l'Italie, pour donner la main à son beau-
frère.

de l'Autriche et l'Angleterre, la situation politique de l'Italie, l'éloigne-

---

Les troupes de la Russie sont rentrées dans leurs quartiers éloignés.

La Prusse toute seule ne peut se mesurer avec la France.

Inutilement le maréchal Ney essayerait-il de faire résistance : les moyens n'en sont plus en son pouvoir. *Ce sont les sous-lieutenants et les soldats qui ont ramené Bonaparte ;* propos que celui-ci a vingt fois répété lui-même.

Que si le maréchal Ney réussit à entretenir un foyer d'opposition armée, il va livrer la France à toutes les horreurs d'une guerre civile.

A ces mots, flottant entre le sentiment de son devoir et le salut de la patrie qu'il voit dans le péril le plus imminent, ce dernier sen-

ment des troupes étrangères, sentit
vivement que sa résistance ne pouvait

---

timent finit par l'emporter sur tout autre dans
son âme ; il frémit à l'idée des déchirements
intérieurs que peut amener la moindre scis-
sion, et il écrit à Bonaparte la lettre suivante,
d'Auxerre :

« Je ne suis pas venu vous rejoindre par
» considération ni par attachement pour votre
» personne. Vous avez été le tyran de ma pa-
» trie ; vous avez porté le deuil dans toutes
» les familles et le désespoir dans plusieurs ;
» vous avez troublé la paix du monde entier.
» Jurez-moi, puisque le sort vous ramène,
» que vous ne vous occuperez plus à l'avenir
» qu'à réparer les maux que vous avez causés
» à la France ; que vous ferez le bonheur du
» peuple... Je vous somme de ne plus prendre
» les armes que pour maintenir nos limites ;

plus manquer de livrer la France à toutes les horreurs d'une guerre civile; et c'est alors qu'il a eu la faiblesse de consentir plutôt à une neutralité qu'à une participation, puisque Bonaparte même, certain qu'il s'opposerait à ses vues ambitieuses, l'éloigna de lui.

Serait-il bien conséquent de faire un crime au maréchal, de son erreur, quand il est évident que le Monarque lui-même a eu la générosité de descendre un moment du trône pour épargner à la France les déchirements

---

» de ne plus les dépasser pour aller au loin » tenter d'inutiles conquêtes, etc. A ces con- » ditions, je me rends pour préserver mon » pays des déchirements dont il est menacé ».

d'une guerre civile ? Les deux sacri-
fices ont été faits dans les mêmes vues.
Le Monarque cependant pouvait encore opposer une certaine résistance
qui aurait même embarrassé l'usurpateur : il avait une maison composée
des véritables amis de la couronne,
et assez nombreuse pour lui garantir
le succès dans les premiers moments
de la tentative. Mais quels regrets
n'aurait-il pas eus d'avoir changé en
un moment l'heureuse paix qu'il nous
avait apportée, en des discordes civiles
qui auraient, à cette époque, infail-
liblement perdu la France à jamais ?
Les Français sont trop certains de l'a-
mour du Monarque, pour ne pas répandre aujourd'hui toutes leurs béné-
dictions sur une générosité qui ne peut
appartenir qu'à une âme aussi grande

que sage. Ainsi, la faute est commise sans doute, mais elle n'emporte avec elle aucune teinte de trahison envers la Patrie, par conséquent envers le Prince, puisqu'il en est le Chef suprême.

Profondément pénétrés des vérités qui ne sont plus en doute aujourd'hui sur cette terrible cause, que les Français descendent dans leur conscience, et ils seront convaincus que le Maréchal est encore digne de sa gloire et de la clémence du vertueux Monarque qui l'accuse.

Cependant un jugement doit être rendu ; il va absoudre ou punir.

Tâchons au moins de suivre une

marche digne à la fois et de la civilisation française et des lumières dont sa législation s'honore.

Peut-on lui appliquer une loi révolutionnaire qui a été rendue, non seulement dans un temps où il n'y avait pas de Maréchaux, mais encore sous un régime qui les proscrivait ?

Il n'y a pas de doute que cette loi républicaine n'ait été conçue par le législateur que pour avoir une application bannale, basée sur l'égalité.

Ainsi un gouvernement monarchique dont la hiérarchie a voulu, dans tous les temps, des lois relatives à l'importance des accusés et des délits, ne peut, sans compromettre sa dignité, s'en référer à cette juridiction.

Un Maréchal de France est un dépositaire d'une fraction de l'autorité souveraine militaire. C'est un lieutenant de Roi ; son bâton de Maréchal revêtu de fleurs de lys dérive du sceptre (1), il est à l'état militaire ce que les Pairs sont au royaume.

Le Maréchal ne peut donc être jugé que par ses Pairs, et d'après les lois de la monarchie, c'est-à-dire d'après des lois en rapport avec la dignité de son caractère. Son jugement ne doit être autre chose qu'un examen de la

____

(1) Le Grand Condé, à la fameuse journée des Abatis, jeta son bâton de maréchal dans la tranchée, pour entraîner la valeur des soldats, en leur disant : « Français, le sceptre » de la monarchie nous appèle. »

faute imputée, des circonstances qui l'ont fait commettre, et de ses conséquences. Il nous paraîtra toujours bien difficile de croire à la condamnation d'un serviteur à qui Bonaparte ferait faire le procès s'il pouvait ressaisir l'autorité.

Cependant, quels qu'en soient les résultats, c'est au Monarque, c'est à lui seul que doit appartenir de prononcer ou sa disgrace ou son absolution.

César eut la générosité de pardonner à Cinna; une erreur n'est pas un crime. La clémence peut enchaîner à jamais un serviteur au char de la monarchie par le plus noble de tous les sentiments, celui de la reconnaissance; et

cette générosité serait plus grande encore, puisqu'elle serait plus juste que
celle de César.

BIBLIOTHÈQUE ROYALE

FIN.

www.ingramcontent.com/pod-product-compliance
Lightning Source LLC
Chambersburg PA
CBHW071518030726
47593CB00003B/1326